www.ingramcontent.com/pod-product-compliance
Lightning Source LLC
LaVergne TN
LVHW091330150826
845673LV00006B/1821

نَشيجُ راعي البحر

أحمد بنميمون

نَشيجُ راعي البحر

شعر

إصدارات دائرة الثقافة، حكومة الشارقة 2024 م

الناشر: دائرة الثقافة - حكومة الشارقة - الإمارات العربية المتحدة
الهاتف: 5123333 6 971+
البرَّاق: 5123303 6 971+
الموقع الإليكتروني: www.sdc.gov.ae
البريد الإليكتروني: sdc@sdc.gov.ae

الطبعة الأولى 2024

811.964
ب أ. ن
بنميمون، أحمد
نشيج راعي البحر / أحمد بنميمون .-الشارقة، الإمارات العربية المتحدة : دائرة الثقافة، 2024.
152 ص؛ 21X14 سم.
1 – الشعر العربي – المغرب – دواوين وقصائد
أ – العنوان

ISBN: 9789948758433

أيُّ نارٍ تَحْتَ

هذا البحرِ؟

حتَّى إنَّـهُ يُرغِي كأشواقي

ويُزْبِدْ

فالرياحُ الهوجُ

لا ترحمُهُ

كل آفاق رؤَى بحريَ تَسْوَدّْ

أنـا ذا أسعى، فلا يُسعفني

أن أرى النورَ على موجيَ يمتدّْ

أيكون الخيرُ في الإدلاجِ يا قلبي الذي

للصبحِ قد غنَّى وأنْشَدْ

ذاهِلاً عَنْ قَفَصٍ يمنعُهُ

أن يرَى في حلْمِه فجراً يُغَرِّدْ

ليسَ يا قلبيَ ما ينقذُنــــي

هائجِ الأمواجِ لا ينفَكُّ يشتدّْ.

في موج أهوالٍ

(1)

«الموجُ أرحمُ»؟

لَوْ يَهُبُّ بما يُدَمِّرُ

صَوْلَةَ الظلمات

إذْ تَمْتَدُّ في كُلِّ الجهاتْ

فَلتُشعِل أمواجُنا...

يا طفل أحلامي التي

غرِقَتْ

وضاعتْ ليسَ

يُرجعُها الشَّتَاتْ

(2)

لا موجَ أرحمَ لا اشتعالَ براميل النيرانِ

فوق رؤوسِ

أطفالي بألوانٍ من الأهوال، يا وجهي

أنا، لا وجهَ لي

أختاره دون التراب وفوق هذا الماءِ

ممتلئاً بعارٍ

ليس عار الطفل أو أبويهِ، إنْ

عبثتْ قُوَى الطغيانِ

في الأرض بالأزهار داستها،

وداست في توحُّشِ حربها الإنسانَ:

هل ذكرى تصير حقوق أطفالي؟

يا عدوِّي... من عدوِّي

غيرُ دوسِ براءة الأطفال فينا،

غيرِ دفْنِ جدارة الإنسانْ؟

17/09/2015م

العرَّافُ

ليس بعيداً ما يراهُ

تحتَ شرفةٍ...

من اضطراب خافقٍ

في صدرهِ.

يأتيه عند كل نبضةٍ،

وعندَ كُلِّ وقْـفَهْ،

من موج بَحْرِهِ

بِصُوَرٍ شتَّى

تعيد الغابر الدفين صُدْفهْ

عن حالِ ما ترفعُهُ الأمواجُ

من أسوار قبْرٍ،

في البرِّ أو يمتدُّ في

مصبِّ نهرٍ

قد فقأت – في وجهِ من

أضاءَ حالماً رؤى – أسرار

قيد هذه الجهاتِ – طَرْفَــهْ

يمتلئ العرافُ رعباً حارقاً

مما عليه انفتحتْ سماه

ليس بعيداً ما يراه

عن حلم الأحلامِ أن يمتدّ عصْفُ رجفهْ

زلزلةً ينجاب عنها

حلكٌ يَشْتَدُّ في

أعالي بَرِّهِ.

17/09/2016م

يَا يَدَ الْحَرْبِ

(يا ليلَ – رَوْعَ الحرب –

لا تترك لعينٍ أن ترى

وجهي هنا مدحورا

يا ضوءَ شمسي

إن غرُبْتَ فلا تدَعْ

زهْري على الشطآن منثورا)

***

ألقتِ الآلام من أحمرها الصاخب في نهر دَمٍ يشخُبُ،

منذ البدء أضْرَى وجَعٍ يزأر في كل طريقٍ،

أعيناً بين جموعٍ دون صَحْوٍ الخصبِ، فيروساً

على أرضي، ثقيلَ الرَّوع، إذ هبَّت بِسَاح الغابِ

أعْنِي عالمِي هذا، بداياتُ احتجاجي،

منذُ ضجَّت ساحتي الأولى بأمواج طوابيرَ

من الأوباش في جيش بغاة.

***

كان ظلّ الحرب في إصرار ما يجمحُ من أوباءَ،

إذْ يمتدُّ من فوقيَ كالكابوس مُرْبَداً

على كامل ما أبصر من حولي،

ووجهي أطبقتْ تخنقه قبضةُ مَنْ

لا يُنْغِضُ الدمعة عن

خدّ صبيّ إذ هفا ما بين ناب الجوع إلى نور دعاه

أن يعين الله من جاعوا،

ورؤيايَ إلى النيران قُدَّاميَ تَشْتَدُّ،

وما تلمس كفِّي أوَّلَ السَّعْي إلى

ما عشِقَتْ عينيَّ فيما انداح من ألوان أحيائيَ مسحوراً

بما ساور وجدانِي وما يفتنني إن سِرتُ، مذْ كنتُ صبياً،

وأنا أوشك أن أسقط في كفة إرْهَابٍ،

إذا يفجؤني الليلُ ولا مهربَ لي

بعد صباحاتي التي كانت بلا رقصة ضوءٍ

منذ تغريدي الذي أخرسَهُ ليلُ جُناة.

***

حين حاق الغزو مُغتراً بما هيّج حَوْلي

كل ما روَّعني الضيم بليلِ الغاب

من ذُعْر تاريخٍ بعيدْ،

قد تعالى بلسان النار يستأصل ما يشمخ فينا،

من رؤى لاهبة أطفأها غدر عنيد،

ثمّ لم تُبْق يداه

رحماً تهتزّ ما بيني وبين الآخر الذابح تُعطي وتجودْ،

لم نكن في ظله نصحو

ولم نعرف ما يرفع عنا قبضة الرعب فلُذْنا

بكهوفٍ حذَرَ الحرب وقد هبّت لظاها

ها هنا تمحو الذي كنا بنينا

تحت نار الحرب، لا ضوء حقيقيّ شهدنا

بارتجاج الأرض مُذْ أزَّ رصاصٌ في ذُراها

رجْعَ إيقاع شديد

من تهاويلِ اشتعالٍ في ثراها

سقطةُ الإنسان تحيِي كلَّ مأساتيَ حتّى منتهاها

حارسٌ كان أمِيناً

ثمَّ ولّى خائفاً دون هدىً قد ضَيّع الإحساسَ أعمىً،

بانطباق الخوف لا يقدر أن يمضيَ في أي اتجاه.

لا يرى هجْسَ دبيبٍ حرَّك الإصغاء في روحِ نجاة

أو مجيباً كان يرجوهُ، سوى صوتٍ دعاه

مستغيثاً في سبايا ضاع ما يطلبْنَهُ خلْفَ متاه.

فوق أشباه فيافٍ ومفازاتٍ بلا ساحل كنا

فيه غرَقى طَيَّ ما يحمل إعصار فلا نبصرُ هلْ

نصعدُ أم ننزِلُ في هذا السديم

كيف أضحى حارسٌ كان أمِيناً؟

كان موثوقاً برَوْعِ الحُب والرؤيا،

فيا خيبة ما كنا رجوناه،

ويا بؤس ما نالت يدانا

ما صبا نحو السموات جناحٌ خافقٌ منّا،

وما كان هفا ضوءٌ من الأعراقِ

إن يمْضِ مدى الآفاق ربَّان يقودُ،

ها هنا لا كفَّ قامتْ

لانتشال الروح من أهوال إظلام جديد،

تفتدي من غرقوا في لجة النيرانِ

مُذْ شَلَّت يدُ الحربِ الظلومْ

عَلماً كنا رفعناه، فلم يطْلُعْ عمودٌ

من سنا شمسٍ بأطياف رؤى

قد وعَدَتنا بالذي كنا نريدُ،

وإذا لا زورقَ يدعونا إلى غير جحيم،

أوْ إلى بهجة ما ترسمه الأحلام في أفْق بعيدْ

فالذي كنا حسِبناه أماناً في الحياة

ضاع في أوجاع ما عشناهُ في هذا الصعيدْ.

***

يا يدَ الحرب أنا منذ خروجي، ضاع مني
كل إحساسي بأني كنت في كل مكانٍ
قبل أن أُبعث شيْخاً حاملاً سَمْتَ ملاكٍ
يدفعُ الرُّوحَ فلا تعرفُه أرضٌ
ولا أجنحةٌ طار بها يوماً إلى أيِّ سماء.
عندما كنت على مقربةٍ
من هاتف الرُّوح وقد بات دليلي
منذُ أصبحتُ بلا صحْبٍ
ولا مُنقِذَ أحلامٍ هنا كنتُ أراه.

وادي مرتين – ضواحي تطوان

08/03/2022م

إلى من يهمه هذا

هذي كلمات ستسير إلى من يعنيه قولي هذا،

وإلى من لا يعنيه من ذلك شيءٌ أيضاً،

فأنا ما زلتُ هنا،

لم يَحرقْ يأسي – في وجه المتعاظم في وجهي

من أبحر ســوء حيث أخوضُ صباحَ مســاءَ – قواربَ أدفعها

برياح جهودي بَعْدُ،

فما زال بوسع ذراعيّ من القوة ما لا جهد لأي زمان أن يتهدَّدَ

صحوِي وجنوني.

...

(وأنا ما زلت هنا متمتعاً بما يفوق الحد الأدنى من حاجياتي،

وســتأتيكم البقيــة في آخر حكايتي بعد أن أختفي، وســيحملها عني من لم أعرفهم وقد يضيفون إليها أو يشــذبون منها ما لا يضر أو ينفع، أو يحذفون دون أن يكون لذلك أدنى تأثير فيَّ، فلتهدأ خواطر من كانوا منكم لا يودون أن يسمعوا عني خبراً ســعيداً، وإن لم أكن ذلك الرجل الســعيد الذي يظنون، لسبب واحد بســيط هــو إيماني الجازم بوجودهــم، حيث لا يرجون لي أن أجترح غير الســيئات وقد نضجــت قلوبهم غيظاً أمام ما شــهدوا – وما زالوا يشهدون – من مكتسباتي، وقد كذبتكم إنجازاتــي، فــلا تهنؤوا، وإن هــدأت خواطركم أمــام أخبار غيابي دون انســحابي، فما زالت خطواتي تســير مؤثرة على الدرب الذي اخترته منذ عقود)

...

وما زالت سحبي تمطر في أعلى قممي

ما يفترّ له دفْقُ ينابيعي من أعماقي،

بروائع تصدح فيّ تنشد أصواتي،

أنا ما زلت هنا،

وما زال لأقدامي ما يحيي أطفالاً مسحورين

إذا انداحوا مثل فراشات تجذبها أضواء لا يبصرها العميانُ

ولو أحرقت الشـمس غشاوات تغمد أسيافاً أخفاها حقد أحرق ما خلف الأجفان.

ما زال النور بأعماقي يتراقص تحت سماء،

أو يجري على أرض الفتنة إن شاء،

لم تفقد حيوية ما يحييني رؤية أطياف طفولتيَ الأولى،

وشبوبُ الشوق بأعماق طفولتي السبعين

أنا ذا الآن بخير يا من تشتعلون كما اخترتم، في نيران الغيْظِ،

لأنَّ الأيام

وقد حجبتْكم بتلال رماد، أو دفق مياه بيضاء.

حرمتْكُم من رؤية ما كنتم تتمنون

..

سيزيف إذا يتداعى بعد غروب الشمس على قمة يومٍ ينهار،

وأنا لن أنهار، وإن أظلم يومي، واشتد أمام خطايَ الإعصار

وسيحلّق في كل زمان هذا الطائر من ذاتي في وجه النار

فلينتحر الحقدُ الحارق،

فسيصعد قلبي الطفلُ نقياً،

لم يفقد بعد، هنا والآن،

أطيافَ طفولةِ ماض، ما زالت تنبضُ في أعماق طفولة آتٍ.

ما زلتُ هنا ترفعني أجنحة الزهر ويحضنني قلب ربيع.

وحبيبي بين ذراعيّ، وملءَ ربوعي

افْتَرّت أحلامي بين يدِي زاهيةً ترويها خير ينابيعي

وأنا ما زلت هنا لا عيني تضحى أو يرهقني جوعي.

07/04/2022م

في حضرة كلب

حين أمرّ بكلبْ

في تلك الساحة أو هذا الدربْ

لا يملؤني غير الرعبِ

وغير الخشية من نابِ

ابْنِ فصيلته الثعلب أو بعض أخيه الذئبْ

أتقطَّع مما ظل بظاهر جسمي من آثار النهشِ

ونَار قروحٍ تلهب ما بين وتحت الأهدابْ

وما في سمعي من أصداءِ عُواءٍ أو ضرب

في ساحاتٍ من غابر أيامي ليس تضجُّ بغير الكِذْب

وغير خطى حدَثٍ أعمى يدعوهُ هَدْيٌ لا يتردد

أو عزمٌ ليس يهابُك:

«أن انجُ بجِلْدكَ يا هذا»

فألوذُ بما يَحمي ما يتهاوى مِنّي، بضياء القلبْ

حتى أعبُرَ في سَلْمٍ لا أخشى

ما يرهبُ في حضرة كلبْ.

12/09/2021م

دعاء

في صحوة ما بين أعالي الحلم،

وعودة أصوات الصبح إلى سمعي

من أقصى تغريد الوديان ونبض التربة أخصبها

المطر العاشق إذ يهمي

حلَّقْتُ إلى أفُقٍ يُدنيني مما أهوى

أن ترفعني أجنحة الكلمات إليه،

حتى وأنا أمشي في طرقات

ضجت بصراخ الأموات من الأحياء

وصلاة الموتى تحت هزيم الرعد،

إذا يدعون الله بتعجيل قيامته

لتثور الدنيا ويكونَ نشور الأضواء.

13/09/2021م

كرة الأرض

كرة الأرض الموبوءة، أعني هذا الكوكب
في ما يكسوه من هدأة زرقتهِ،
لا هو بالأكبر في مجموعته، أو بالأصغر بين دراريها
باءت في دورتها بشقاء الإنسان عليها، وعذاب المخلوقات
بها، وبجوع القلب الخافق بين فيافيها
أصلُ الخلقِ السعْيُ إلى خير يملأ رؤيا الساعين بها
تحت مباهج أضواء نعيمٍ،
لتَعُمَّ البسمةُ ما يشملنا، نحن الأفق، كل زمان فيها،
لكن يا قلبي إني أشهد أني منذ البدء حرمتُ بها، حتى ضجت
أحلامي بالخسرانْ،

ومشَيْتُ ولا حضنَ أمامي يدعوني، لم أشهد غيرَ النيرانِ

تطارد خطواتي

ما بين صخور جبال ووهاد تصعد بي الرغبة نحو أعاليها

ثم أضيع فينزل بي خوف بنيها

نحو الآبار وأعماق الوديانْ

وميادين وآلاف الساحات تَضِجُّ بصرْخاتي

لكن لا أذن هناك لتفهمني

لا قلبَ هنا قد يرحمني

فأنا وحدي المصلوب على كرة الأرض أَنُوءُ بأقسى ما ينفي

أفراح ذويها.

على باب الموت

يقف الآتون عليه في كل الأوقات

مصطفين مساءَ صباح

في حال يصعب أن أتبيّن فيها أجناسَ المرئيات،

يأتون فرادى أو مزدحمين على كل الطرقات

لا أخفَى منهم إلا ما تبديه الأرواحْ

إذا خشعت في حضرة من يرفعها

من أعماق الحزن إلى ما بعد عناء اليوميِّ

ولا أسرع منهم إلا حركاتُ الأشباحْ

في خشيتها أن تظهر تحت الأضواء،

تحدِّيَها للكاشف عما تخفِيه الظلمات

***

ما أيأسَهم إمَّا يقفون ليسترِقوا النظراتِ

إلى من سبقوهم يقتحمون البوابة مندفعين على

أجنحة الرغبة والشوق،

تراودُهم أطيافٌ موجِيَـةٌ ببهاء شروق الآتي

فَـهُمُو إذ يزدحمون الآن هنا كالأموات

أحياءٌ في ما يعتقدون إذا ارتفعوا عن مهوَى الخُطْواتِ

نحو ضياءٍ سيعانقهم وستغرقهم منهُ

موجاتُ رخاء من جنَّاتٍ

أول من يدخلها منهم:

من لم يشهد شيئاً في دنياه

من معنى ما يُسعد قلباً،

أو مبنىً من فرَح في أحضان حياة.

لكنهم اصطفوا الآن ببابي بدء سجودٍ في أول ركعه،

منتظرين أيادِيَ تُدنيهم مِنْ صَحْوٍ في حُلْمٍ وضَّاءٍ؛

يهَبُ الداخلَ حتى قلب المحراب أكاليل غنىً لا تنفد،

أوْ دفقاتٍ ما أكرم مُجريها في دفعه!

من هَبّات عطاء.

مرتيل: 2021/10/25م

نشيجٌ تحْتَ الحَجْــر

كلماتي: هل تسعف غرقَى قدّامي

في سوْرة ما يعصف مجنوناً أو يتراقص في قهقهةٍ

لا تتوقف حيث يعربد شيطانٌ مارقْ

هل تنقذ قوْمي من طوْق وباء خانقْ

أو من كمّاشة ما جاءهمُ من إطلاق هجوم ساحقْ

فلقد دُحِرَتْ في ثَبَج الموج صفوفُ الرَّجُل الحُرّ،

فــلا صبــرَ ولا نصرَ، ولم يُســمعْ فــي جُنح دُجــى خبطٌ في الجُدرانِ،

ولا همسٌ ينهضُ تحت ظلامٍ، أو صرخة طارقْ

لن تنقذنا دعوى ممن كان قد اختار كأي جبانْ

ألَّيْسَ يُكَلِّمُ من يستدني رؤيته إلا من خلف حجابْ

– لا تُظهـرْ شـكلك يا هـذا – لا كنتَ – فـلا أفظع من غول

يتوارى مثل وباءْ

وأنين الغرقى – بينا سكتت ريح،

دوَّى في الآفاق رعدٌ من بحر مسجور – من خلف الليل تعالَى

لما حُمِلُوا مسحوبين ومكتوفي الأيدي

نحوَ الموتِ على طرقاتِ فناءْ

كانوا عرفوا أن البحر إذا يتعالى مِثل سماء

ليس كما يتراءى آل في صحراء

وأحبائي حين عَلاهمْ برقٌ ورعودٌ في قلب متاهات سوداء

عرفوا أن الموت سيغرقهُم

وسيرغمهُم ليضيعوا في بيدٍ عمياء

ما لم يتصدوا بحديد الصدر العاري لأيادي غَدْر

جاءت يحملها الموج، وأخرى بسنابك ذات صليل

دَكَّتْ بزلازل تزحفُ من خلف الظهرِ

فماذا تسْطيع يدٌ، معصمها يتآكل في قيد القهرِ،

وماذا تسطيع وجوه دون لسانْ

ما لم نرفع من أعماق الروح شموساً تنفي ظلمات الليلْ

لنُميّز ما بين الوهم الرجراج وما بين الحلم الوهاجِ

فصدْقُ الرؤيا يشعل نبضاً في الشريانْ

مما يبعثه من وعد حياة تعكِسهُ عينان

مهما نزلت أو صعدت في أقطار سماواتي

شهب زائفة تتمطى من فعل العدوانْ.

طنجة: .../2021/07م

صورة بستان

بعيْد ألف ليلة وليلتين، وعدَّة ليال أخَرَ من انفصال الروح عن أجيج في الجسد،

قـد غاب عنـي كل ورد ثم غيض كل ماء، وأصبح البسـتان قاعاً صفصفاً،

وذلك البرج المطل من سمائه خلا مـن أي نبضٍ أو صلاة، هاجرتِ الغزلانُ تركت كناسـها لأوحـش الضباع، لتضحك عن غير ما سـخرية ولا عن ادعاء ألـمٍ لم يبق لي فيها هناك فـرحٌ يغَنّي تحت جـوع هيكل يروح ويجيءُ، يسـتدير تحت وحشـة الأقواس، أو على انتظار حلُمٍ بنعمـة تخضرُّ ببهائها الأشجارُ وتضاءُ كُلُّ دار،

ودون أن يهتـزَّ مُكْرَهٌ على الإقامة بهـا بحرجٍ أو ما يحز في

فـؤادْ، إذا يــراه القوم لا يمل أن يعيد ما يكون عاشـــه بأمس، فالضبـاع تزحـم الظلام في انتظار أن تغيب شـمسْ، لتختلي بجثث لمَّا تملَّ السير في محلها، ولم تجاوزِ الدور المحالَ، أو تغادر، ولم تدع لكل من يراها في الزمان والمكان من بعيد أو قريبٍ، أن يلمس بداية الموت وكيف يدفن الظلامُ آخرَ الحياة، فبسمة البستان جفَّتْ قبل أن تُـرْوَى بما يسيل من تدفق الأنـهار، على شـفاه العابرين من جياع هذه الدنيا: فمنذ البدء قامت ها هنا على الضفاف أينع الجنان

صور النعيـم في أحيائها، وماتت في سـكون بعدها، ولم تقم ضد الذين حجبوا خيراتها

في أسوأ الأوقات عنها حين أظلمت كل العيون فيها، ولم يعد يطل من فوق جبالٍ أوْ رُبا فيها شـعاعٌ سـائلٌ من كأس مُنْشِد في فجر أو عبير غُصْن مرتوٍ ينشق في ثغور زهرهِ نهار.

سقوط

أتكون إذن شمسي اندحرتْ،

وانطفأتْ أنجم سعدي بعد سطوعْ؟

وأنا كنتُ أدانيها ثمَّ نزلتُ وقد خذلتني،

لكن غيوماً أبرد من ثلج شتويٍّ ملأت عيني،

والظلمة قد صعِدتْ طبقات من حولي

حتى جعلتني لا أدرك شيئاً

قدّامي وورائي

زلَّتْ قدمِي عن مرتقيات

حين اشتدَّتْ بفضائي

وطريقي ريحٌ عاتيةٌ،

فتطامت أمواج من بحر نجيعْ

ليحِقَّ فنائي

ويزلَّ مَقامي، فكيف إذن

لا تنهار حصوني في ما ينهض قُدَّامي وورائي؟

12/09/2021م

إلى جانب الموج

كانت على التلّ في الريحِ تحت سماء ملبَّدة وضباب قريب،

تلُوحُ كذكرى، وخوف من البردِ

تحت سياط نهار وليل يجوعان

قد حُرِما الدفءَ في غربةٍ بين موصد باب ثقيل وسُمكِ زجاج كئيب

هنالك كانت تلوذ ببؤس فضاءٍ تجرّد من كل ما يدعيهِ

الذين احتموا تحته باحتضان موائد من كلمات، فليسوا يرون

إلى جانب الموج غير سرابٍ تعالى وغطى، على ضفة ما عليها حبيب

فقالت لريب الزمان هنا ليس لي من قُوى أستجير بها،

وبها ما أرى من دفاع هوانٍ يذيب.

***

لا أرى غيـر أكتـاف من عبـروا، وخطىً سـبقتنيَ فوق كل رصيف، أمام اصطخاب تموُّج بحرٍ رهيب،

فجميـع الذين مررت بهم لـم يدانوا الذي قد علانيَ من وهن،

مثل من يعبرون بتائهة في هدوء غريب،

إلى جانب الموج،

لم يدركوا وهناً كان قد هدَّها منذ وقتٍ قريب.

***

هي ذي الآن تخفي مشـــاهد ما كان أوهنها منذ أن فلق الصبحُ شعلته خلف فتنتها عاصفاً في قناع مثير.

لكيمـــا تلوذ إلـــى جانب المـــوج والريح بالغيب، تشـــكو بغير اصطخاب

إلى البحر، ما صنعته يَدٌ دُون أهوالها عادياتُ الخطوب.

دانٍ وشَاسِعُ

منذ الساعات الأولى إذ أفتح عيني بعد هجودٍ

لا أبصر ما حولي أو حتى إن أبصرتُ

فلستُ أميِّزُ أشخاصاً من أحياءٍ أو أمواتٍ

لا شيء أمامي يمشي نحو الأعلى.. لا شرفات تدنو نحوي

أو تصعد نحو الأزرق في بحْر أو أُفُقٍ،

لا عين ترى نحو الأسـفل أو تعلو فأنا إذ أتحرَّك أمضِي مثل

جمادٍ ليس يَميدْ

كنت أمرُّ على شرفات فيها بشَرٌ كملائكةٍ لم تسمعْ

بمقاهٍ في مُدُنٍ سُفْلَى شبَّتْ في الظلُماتِ

فلم تعرف شِبَعاً أو رِياً، أو راحة نوم بعد نهاية سَعْيٍ

آخر ساعات اليوم وراء نجودٍ أو قدّامَ سدودٍ

ثمّ أمر أمام مشاهد تنهض في صمتٍ

خلف نوافذ مغلقة أو أبوابٍ ليس تجود،

بعد حواجز قاهرة لا تقدر أن تتجاوزها

أقدامٌ في أصفادٍ لامرئية،

وسواها رازحة خلف القضبان بأعباء قيود

أو يقوى أن يتخطاها أصحاب طريقٍ

ليسوا طلقاءَ بأجنحةٍ شمعية

فعلى واجهة البحر هنالك بين الشرفات الوردية،

في الأعلى أو فوق مبان ليس تَرى أو تدركُ عن وعي،

يربض باب يعلوهُ شِعارٌ أُصْلِتَ سَيفاً فوق رقاب،

ومن الداخل نحو رمال تمتد على طول البحر

يخرج في ثوب رسميٍّ، في صمت من يحمي الشاطئ

يقطعه مَشْياً ثم يعودُ

وقد ألقَى نظرات يغمرها ضَحِكٌ نحو الشُّرُفات العُلْوية،

وإلى بعضِ مبانٍ لمّا يتحركْ من فيها قبل عقودٍ،

يرنو شزْراً

ثم يسير إلى بضعة أحجار راسية

قرب الموج الصاخب فيحيِّيها،

بينا ليس تبالي

فهي جمادٌ – هذي اللحظة – مثلي، وشبيهةُ أحجارٍ

أخرى كنت أراها تتعانق من عجبي إذ تصعد أحياناً وتغوص،

وتعود – إلى الباب الرابض عند جدارٍ يتهدم –

تحت شعار مخطوط بالأحمر خُطْواتُ جنودٍ

لا تكشف مسعىً، أو تتحرَّى

عن سر في مَوْجٍ يهدر صخَّاباً،

أو تفضح جهراً صوتاً في بَرٍّ ليس يقول:

– «آلو... لم يبتلع الموج نهاراً، أو تحت جناح ظلامٍ

شخصاً أعزل أو في أسطول

إني أتحرَّى... لم يهرب أحدٌ من لهب في الجنة،

أو من أمطار تهطل من جبهة مقتول

لا يا صاحبَ هذا البرِّ

ويا سيدَ ما حُزْنا من خيرات بحار»...

يدنو صوتٌ مهموسٌ لا يضحكُ

بل يَغرَقُ في شِبهِ نَشِيجٍ لا يخفيهِ إلا جُرْذٌ محمول.

مرتيل في: 2021/05/18م

الغزو

إلى مئوية «أنوال» الأولى

وأنا أمضي، في غير هجوم، أو أهوي دون استسلام، أتراجع لا أحـزنَ منـي فـي أيامي، قـدَّامَ مناخ لا لون لـه أو طعم لا يرغب أن يتركني لمصيري، كنتُ كمن يخطو في أجمل حلمٍ وأنا أتجـوَّل، لا أضحك إذ أقرأ فوق جدار يدنو، وجدار آخر ينأى:

– الغازي... ارحلْ: شرر من أنفاسي لا يعني اهرب، خسئت أنفاسُك إن لم تتراجع مدحوراً.

ثـم تعاودني أصوات كانت تأتيني مـن بعض إصابات مرت بي لا أنفاسَ لها، ما زالت تنغل ما بين خطاي بما لستُ أريد.

***

أدنــو من مقهى أو هــام كانت في ماض من ظلماتي يقســم ما ظل يؤثثها ألا يتركني لشــؤوني كي أرفــع عني عبء عقود وعصورٍ

ظــل زمانــاً يتعملــق تخنقني آلامــهْ، وتراودنــي صور عن حيوانات بوجوه شتى قد أحاطت بي قبل عقود وعقود

بمســاكن كنــا ألفناهــا وثعالب تحت ثيــاب ملائكــة، وليالي جنيــرالاتٍ تمحو وتبيد، ممــن ركبوا أهوالاً، في أكثر من بيد وصحارى مفترشــين رمالاً لا أمْنَ بها، تســكنها نار لا تقدر أن تطفئها أمواج ظلام تمتد بلا حد مرســومٍ، كم كانوا يدفعهم أحياناً خوفٌ ليفروا من نار جحيم، ما حفزتهم أحلامٌ ليغوصوا في أحضان نعيم.

مــا كانوا رفعــوا بعد منـــارا، أو وضعوا حجــراً لبناء مدائن أضـــواء، بل هبــوا حتى تُخْرَبَ أســوار قامت فــي أوجههم، ليدوســوا مدناً كنا أنشأناها، كانوا أدهشــهم ما كانوا رأوا من أدناها، مما ينطق عما يمكن أن يأتي من أعلاها، حتى فوجئنا بألف لسان ولسان ترطن، لا تفصح إلا عن سود ضمائر، وبأفواه ما بين صفوف تتساقط كانت تطحن أحجارا.

منذ زمان كانــوا التفوا على كل طريق في بلدي وأقاموا ألف ســياج لســفوح كانت رمز براءة إنســاني ما كنــا يوماً نتوقع أن نظمــأ فيهــا أو أن نضحى. بل كنا نحلــم أن تخضل ليالينا وبساتين مجاني الأيام بها وبيادر كنا نصدح من أفياء النعمى فيها.

***

طارَدَ فيّ الغازي نظرة عين كانت هادئة في جلسات وداعتها لم تكُ تألف نقعاً تحت سنابك عدوانٍ يملؤها ذعراً، فنفرت إلى أحضان جبالي من شدة أهوالي،

أندب سوء الطالع في تاريخ روّع هدأتنا الهادئة وشتت ألسنة طاب لها أن تشدو حتى كان مرور الغزو بها معترضاً ضوءاً كان يراقصها،

أتراها بعد الآن ستعرف راحة نفسٍ، أو أنشودة عيد.

***

- الغازي... ارْحلْ

ارفع عن أشجار عصافيري ما بتَّ به تثقل أسماع غصوني،

ولترفع عن شـدو طيوري ما أصبحت تشـير إليه من أسباب الفتنة طلْقات مكابسها

وادفع عن غزلان حقولي غيرَ بُغام رضعته من طهر مكانسها

وارفع ثقل برودكانٍ وحشـيٍّ جئت به عن صدر بلادي حتى لا تتفجر عبر مسامي ألغامُ صواعقها

ماذا غرَّك بي حتى أصبحت نسـيت زوابع مِنَّا اشتعلت حتى لُذْتَ بما لم تألفهُ مرابعنا

سمّمت الأرض بنابالم قذائفُهُ سكنَتْ آفاق التُّرْبِ وفي صدري خنقت أنفاساً كانت أطيب ما أودعتِ الفردوسُ على أرض الله، وأرسلتَ مخالبَ مجرمةٍ في أحشاءٍ لم يَهْتَزَّ بها عَلَقٌ في رحم حتى الآن، وأبقيتَ مساميرَ على كل جدار لم يدركْهُ الهدمُ لتطُلُبَ بعد مخاض الدنيا أن تستبقي حق رعايتها!!

فاحذرْ همسي اليوم، فهذا من بعض صريخي المتأجج في وجهك إن شَبَّتْ نيران غدي

تلك مساميرُ عليها سوف تُعلّق مشنوقاً ذات غَد.

آويتُ في عقر الديار إلى ضياءٍ في الهوية ما أتاني من هتاف رافض غزواً، تدلُّ أجدير الرصاص عليه، يا ريف الكرامة، ما يرد عن شط الحُسَيْمةِ أيَّ غازٍ لا يرى ما بعد دفع الجند في الوديان أو عند الربى عميان مدريد الأولَى غصُّوا بطَعْمٍ كان ما أوحَى برد السم محمولاً على ظهر البغال.

يا بؤس قُـــوَّادٍ تضيق برأيهم أرض وتحتـــرق الفجاج، فليس غير النار يا سُمَّ الكريهة فاجراً مُـــرَّ الوبال.

مرتيل: 2021/07/10م

أغنية المذبوحين

مـن قاد خطاي إلى دكان الرجل الجزار؟ هل كان بلا عنوانٍ ينبض من ضوءٍ في عين المارة حقاً، أم هل كنتُ على عجلٍ من أمري،

فلقد ألفيتُ به من قدمتُ له رأسـي وبسطت أمام يديه وجهي، لكن حين سـمعت فحيحاً يدنو، وهو يلوِّح بالموسـى، ويركز مقلته الملأى بالأسـودِ من أحقاد الماضي، ويطيل النظرة في عيْـنِي كالراغب أن ينفـذ نحو دواخل نفسـي ليعرِّيها، رغم هدوئـي، كنت أرى مـا يخفي ليل ضغائـنَ مُوغلة في النفس بعينيه الباردتين كجلادٍ، فهويتُ إلى أعماق الكرسـيِّ لكي لا تلحقني ناب الذابح، وهو يغرِّد في ذكرى سفح دمائي

ويـكاد يراقـص في المرآة أمامي تاريـخَ دمٍ بيدَيْ لصٍّ تخنق أنفاس أشِقَّائي

أو يُنشب مخلبه في عنقي النافر أو صدري الناقم لو شاء،

كان يشير إلى مرآة فوق جدارٍ تلقائي،

ويحدِّد شـرقيّ القدس بأكثـر من واجهةٍ، وأنـا بجميع كياني

تحت يديهِ، قد علت الموسـى وجهي تكشِط عنّي ما لا أبصر

من شَـعرٍ أو لوْنٍ، مشـدوهاً كنت، وكان الظـلُّ النازل ملء

فضائي

بظلال مرعبةٍ سوداءَ

وكفٌّ هـيَ أغلظ من أضـرى حيوان قطبي في بـرْدِ عراءٍ،

كان يحدثني كمذيع إسـرائيليٍّ لا يذكر شيئاً عن جبنِ الأعداء

إذا ذبحوا، أو شـيئاً عن آلامي إذ تشتدُّ وقد مسحتني عن وجه

الأرض يدُ الشرّ،

في ذكرى مايو موحشـــةٍ من هول حروبٍ، في اليوم الخامس عشر.

...

لكني حين انجابتْ عني الدهشة من رؤية جزاري الغارق في أعراس دمٍ شعواءَ

لم ينقذني من أسْــري في مذبحهِ غيرُ الفــرّْ، وما أنجتني إلا أجنحتي من بين مخالب ذئب دجَّجَه الشَّـرّْ

إذ أوشك أن ينشب في عنقي النابَ وفي صدري الظُّفْـرْ

هــل كانت عيناه تضاحكني حقاً؟ فــي توديعٍ غير بريءٍ وهو يكشّر عن ثغْرٍ يقطر

من دمِ أهلي: «لا تجزع يا هذا، فإذا حان الوقت فلا مفرّ»

لــم يُفلتني إلا أنـــي كنتُ أطير وأنزلُ مــا حجبَتْني عن أيدٍ في إثْري إلا جُنَّةُ سِتْرْ.

لا أطلبُ غيـرْ

لا أطلبُ غيـرْ

لا أطلبُ غيـرْ.

15/05/2018م

رؤيا السبعين

ما الذي يبصرُ في السبعينَ من شرفته الشيخُ وقد نشَّتْ رؤاهْ

كلما رفرفَ لحْنٌ فاتنٌ أوْ مَرَّ طيفٌ فاغِمُ العطرِ شذاهْ؟

أيَغُضُّ الطرفَ مشبوبَ الجوى؟

ما الذي أشعله في لحظة الذكرى وقد عاد إلى شجوِ غِنَاهْ

دمعت عيناه حينَ انجاب ومضٌ مِنْ تضاعيفِ دُجىً...

ثمَّ دَعَاهْ

إيه يا ليل وماذا يطلب الشيخُ لدُنْ ليلِ الحياةْ

أشباباً كان ما أَبْصَرَ؟ بل أين الذي ارْتَدَّت إليهِ

في ليالي العجزِ أقمارُ صباهْ؟

الغارقون هنا

أن أكتب مثل آلة يعني أن أكتب الموت،

فماذا تعني نسبة الأناشيد إلى موتَى،

أول ما كانوا فقدوه وهم يحلُّون ضيوفاً على ظلمات

وفضاءات لا

ألوان لها أصواتُهم وأبصارُهم؟

بل إن أحبابي الذين أخذهم من بين ذراعيّ موتٌ،

بطيئاً كان أم خاطفاً،

لا يزورونني حيث يختارون أن يفاجئوني في أحلامي،

إلا وقد فقدوا أصواتهم، وحل في عيونهم فراغ،

فكأنهم ينظرون إلى أعماقهم

التي لوّنتها غرابة عوالمهم

بأقواس قزح لا مثيل لها حتى فوق أجنحة فراشاتنا

لا تعرف ألسنة الحياة مذهولة

كيف تقولها في غناء أو تصوير.

...

فها هي ذي قبورنا ضجت بجثث عاريات كاسيات

وضج نبضي بصفير ذوي أنياب ممن يبتلعون كل شــيء من حولي ولا يلتفتون.

بل سرعان ما ينخرطون في بكاء لا يصيب محتاجاً

فماذا حلّ بمن غرقوا في بحار أموال، فجفّ ما كانوا يرتدون!!

ورفعوا قمصانهم يتبرّؤون مما تشهد به عليهم أفواههم وبطونهم وأرجلهم في الماشين والواقفين

....

لا يكتب الموتى فليس في جماجمهم أدمغة ترسل أفكاراً أو تستقبل صوراً.

فمن قال إن هناك جماجم تضحك، أو إن هناك نيراناً تشتعل في أجداثٍ، أو أن أضرحة تصرخ أو تغني. حتى ولو كانت لحودها شقت في بيوت لا تزال تدفئها أنفاس من نراهم عائشين.

وأنا حين أتذكر كل يوم صديقاً أو قريباً مات

أجلس لأســتحضر عدة حفلة سمر صاخبة، تمتلئ فيها قلوب من يحضرونها بالفرح للنبش في ماضٍ أحييه ويحييني لكنني حين أتذكر لا أدعو راحلاً إلا وأنا منكسر حزناً، أتداعى كجدار ليس تحته كنزٌ، بل أنهارُ كحائط على طريق عام، في لحظة ازدحام، فتصرخ أنقاضٌ تتساقط، ويدوِّي غبار يرتفع، كمــا ترتفــع صلوات غامضة، حين يختفــي تحته ما كان قبل قليل، فرحاً يرفُّ على وجه طفلة، أو ســعادة كان يخفيها قلب فتاة اســتعجلت الخروج إلى حبيبها بعد طول غياب، حتى لا يؤخرهــا زحام عــن الوصول في الموعد، لكــن لا أحد ممن شاهدوا الانهيار بكى، بل إن منهم من كان على قدر كبير من البديهة، فرفع صوته بالصلاة والتســبيح لنجاته، ثمَّ انصرف

طائـــراً كعصفور تحمله أجنحة مباهج، أمـــا أنا فلم أنظر إلى الحادث كمثل آلة، بل ارتفعت آهاتي مستدعية أحبابي الموتـى منذ ســنين، وأصدقاء آخرين فـــي الغابريـــن، وأحييتُ معهم جلســـات اســـتذكار رددنا فيهـــا تراتيل لم تذهـــب إلى آلهة في الأرض أو في السماء، بل كررنا أدعيتنا ضد صانعي مآسينا فـــي كل جيل، ففي كل عمرٍ كنا نفقـــد زهوراً، ونرى حبيبات يحرمن من مواعيد مع من كن يعشـــقنه، وكم رأينا غرقى مع أحلام لم يستطيعوا الوصول إليها.

....

يا أصدقائي في أعماق بحور

لا أدري أين هي،

إني لأفتح عيني فأرى من لا يزال أمامي،

ممن لم يستطيعوا الوصول إلى أمواج

ابتلعتكم، وهم في غمرة مما يغرقهم من خمور

أو ما يتناولونه مما رفعهم فوق صخور

سفوحي التي لم تسمع يوماً احتجاج نسور.

فمن لم يغرق هناك، غرق هنا،

فصار آلة ليس لها من محاسن الجماد إلا ما تحمله

من صفات موتى لا يدرون ولا يسمعون

ولا يبصرون، أو لا يعرفون طريقاً لعبور.

30/04/2018م

«أبُو الهَوْلِ»

لم يَكُنْ من حَجَرٍ يَغْفَلُ عما تشهدُ

البيداءُ مِنْ ثقلِ الجلاميدِ

اصْطِباراً في انتظارْ.

كان ملءَ الصحوِ في كل التلاوينِ،

مِن الأزرقِ والأصفرِ،

في هذا المَدَى،

ينهضُ في ما اهتزَّ في الأعماقِ

مني كلَّ حِين:

ينتهي في السَّمْعِ

أو ما تُبْصِرُ العينُ،

تَوارَى خلفَ رمْلٍ في انحدارْ

لا نباتٌ شَبَّ في ضَفَّةٍ ميِّتَةٍ

لا وعْدَ فيها

بحياةٍ يَقْطُرُ الغيثُ بها

بعضَ كِسَاءٍ باخضرار

يجلسُ اللحْظَةَ، لَا يَهْتَمُّ، في الأعلَى

على مقربة مِنْ كَتِفٍ

باردة من جسدي الراجف،

ما قبل بدايات اندلاعي

توأماً للنارِ،

لا شَيْءَ يواريني،

فخلفي مصلتاً

سِكّينَهُ الآنَ

ويبدو أنَّهُ

رَاقبني

منذ ضُحَى هذا النهارْ.

لم أجد البيتَ

شبحي انداح أمام النهر، وسار
على طرق البحر ودور الصيادين
وقد شمختْ، في وقفة من لا يأبهُ
أو يهتم بما مرّ وما سوف يجيء،
لا تعنيه أفواج الناس على البر،
ولكن تفتنني أمواج لا تتكررْ،
إذ تتجدد رغم تكسرها
فوق صخور لا تتكسرْ.
شبحي المنهك يصعد في جولته
– يخطر لي أن أتغنى...

يأسَى شبحي إذ يذكرُ

أن لا روحَ لهُ

بعد بلوغ العمر الأقصى،

فمضى بين عمارات أكثرها يُشْبِهُهُ

لا روح بها، لكن حين رأى

عن بعْدٍ مبنى موجةِ شعرٍ لا يتأهب أن يظهرَ

حتَّى يَنهارْ،

أحسستُ بدمع يوشك أن يغمرَ

صدراً كان به قلبي مشتعلاً ذات نهار.

وتطلعتُ إلى أن أتناول كأساً من بارِ

البئر، قريباً من خطوي الموشك أن يتداعى،

أو فيما يتجاوز هذي الساحة حتى كونتوار

الطرقات الأربع، لكني أخجلُ من أن أعبرَ

مرقد من كان اختارني بين الناس،

على رغم حداثة سني،

– واخترتُه بين الشعراء – صديقاً،

صوتُ المختار

يناديني إذ أعبر

لا تفصلنا إلا خطوات...

في ما يشبه إجهاشاً،

أو ضحكة من لا يملك صوتاً،

أبلغني رغبته أن أجلس في شبه صلاة

فوق رصيف، إن طابت لي الآن صلاةٌ

لا أعرف أدعو فيها،

من آلهة لم يوجد منها من يقبل أن يعبدهُ

شبَحٌ في منزلة وسْطى بين الأحياء وبين الأموات..

فأنا أتذكر أني لستُ سوى شبح مسكين،

لامرئي أحياناً، وصديقي الميِّتُ

منذ قرابة نصف القرن... لا يعرفُ

ما يمكن أن تمنحهُ إياهُ الأشباحُ

المرئية واللامرئيةُ، في هذا اليوم العاصفِ
حيث تكَسَّرُ أمواج الناس كمثل زجاج
فوق صخور شواطئ لا حصر لها،
حتى تحمرَّ صباحَ مساءَ بما ينساب بجانبها
من أجساد الخلق الماشين عليها،
أذكُرُ أن صديقي كان ترفَّع ألا يطلبَ
من صاحب كرسيٍّ فوق رصيف أو في قصرٍ،
ما يُسْقى منه إذا جفّتْ كأسُ
ليسَ على مائدة دانية من شفتيه سواها.
شبحي يَصِلُ الآن ليعبرَ

تَـدفعهُ ريحٌ في خفة أوراق منْ أشجارٍ لا صوتَ لها

حتى حين تفتتها كفٌّ تُمسكها،

بين مقاهٍ تَقضم من أعمار

زبائنها أياماً لا تحصيها أوراقُ جرائدَ أو تُشبِعُها أشجارٌ،

أو يوميات تتطاير، حتى حين أريد حساب الباقي..

– دع ما يتبقى لك..

– شكراً..

شبحي، ينظر نحو النادل عدّ الباقي

في حصَّالته، فرآه قليلاً، فاربدَّ حسيراً، ثم انهارَ...

على كرسي يتهدم ما بين خطى الداخل والخارجِ،

أهربُ منسحباً، لكن حين أردتُ العودةَ نحو البيت

لم أجد البيتَ، فقد ضاعت تحت خطاي الطرقات،

وحين أردت استعطاف المارَّةِ،

لم يرني أحدٌ منهم،

غامت في عينَيَّ الآفاقُ، ولم يَبْقَ أمامي

من شيْءٍ يَهديني

نحوَ شوارعَ أسترجِعُ بين ضجيجٍ وعلاماتٍ فيها مَا فَاتَ.

أُنْشُودةُ عِشْقٍ

ما بين الغفْوِ الغارقِ في هدأةِ ساعاتِ الصُّبْحِ الوَسنانِ وصَحْوٍ يدعوهُ نداءٌ ينزِلُ في طرقاتِ الدنيا من حول بيوتٍ تتعانقُ في دفءٍ يُغري بلقاء، يتذكَّرُ هذا الشيخُ الفاني خطوَ طفولتِهِ ما بين الأبوابِ وبين المنعرجاتِ المفتونةِ منِ بُطْءِ الضوْءِ يَجُولُ بها بين الأحبابْ

منْ يُمْسكُ كيف تَسِيرُ الخطواتُ هنالكَ في مثل متاهةِ صُوفِيٍّ يَحْلُمُ من صِدْقِ هواجِسِهِ

ألا يَصِلَ السالكُ حافاتِ الإشراقْ،

أو ينقلَه الحلْمُ إلى ما بعدَ هُدُوءٍ يَنشُدهُ في مستروَحِ ساحاتِ تحت عَراءِ الآفاقْ،

لا حــــاجة بالأشـــجار إلى ما يُشعلُها من تغـــريدِ غَـــرِيقٍ في ضوءِ الأشواقِ،

وشدوِ الشاعِرِ في محرابٍ

لا يخلو من أُنسةِ محبوبٍ، أو ترنيمٍ لا يترفَّع عن شكوى هجر أو خوف فراقْ.

إلى صوتها الآتي مع أصوات «مولوعين»

إني اشتعلتُ لدى انهماركِ في دمي ظَمَأً إلى
أفياء ترفُلُ ملءَ صَوتكِ، في الترانيم التي انبجَستْ
بْكُلّ الضوءِ من أيَّام أندلُسٍ إلى ظلماء روحي،
في ارتماء رفيفها المخضلّ بالصبوات، في
نبضي إليكِ، هياجُ شوقي أن تمُدّي في جبيني
دفقَ صُبْحٍ من يديكِ
برائع الأحلام يُمْطر غيمُها رؤيا بهاءٍ
في بدايةِ ما يعُمُّ القلبَ من سُكْرِ المحبَّةِ في
انْدياحِ النور يَرفعُني – إذا أصغي إلى لحْنٍ
يرَوِّعُني – إلى حِضنِ الحبيبْ.

عزف وراء الباب

(رؤيا ذات ظهيرة في (فاس) من يونيو قديم)

من سُــحْبِ أوتاري ورشــح يدي ارْتوى سُــكْري وحلّق دونَ أجنحةٍ أجيجٌ في جواري

كان عمقُ الضوءِ في عينِ التي جلست إزائي، موج موسيقى هدوءٍ، يرتمي متصاعداً أوجَ اندلاعي في أتونٍ، كنت أنهض في اشتعال الشوق في ذاتي، ولم أرَ في نهاري

مــا تحدَّاني من الأضــواء والألوان خلف الباب: غير نشــيجِ كونْتِرْباصَ يبكي، في لهاثٍ.

وانبهــرتُ لرجْــعِ فاتنتي التي عــادتْ بذاكرتــي كلَحْنٍ فاض مســحوراً، ولم أذكُــرْ أمامي من تدافع مدِّ قيثارٍ سوى ظمئي

الذي يقوَى ولمّا يسْقِني، حتى صحا حُلُمِي على فيضِ تراقص

من سيول رؤىً تطوّقني وتلقيني

على أُفُقٍ بلا فجرٍ يناديني،

وخطـوي خائفٌ متأجـجُ الرغباتِ فوق الرمل، فـي إثْرِ مَن

حلّتْ قريباً وهي تَـبْسمُ دونَ وَعْدٍ...

كنت ألهث في جحيم آملاً غيثاً يوافيني...

وذاك الصيف من خمسـين حـولاً أو تزيد ببعض يومٍ، حافلاً

بنداء حبٍّ كان، أرغم أن ألوذَ بما تجُودُ به أغاني الحلْم:

عنـــد السَّـــاحِ هجهوجٌ ينادي تحت ظل سـقيفةٍ دنيا، ولا صاغٍ سوى آذانِ طغيان، ونبضي صاخبٌ كنشيج أوتار بها عَـــبَقُ العذوبة قد تداعَى ملء يومي، يا عذابي في جوار من ارتموا قربي ضحايا، من رفاقي في رمادٍ تحت أنظارِ الأولَى عمِيَتْ بصيرتهـم، وقـد ضجّتْ أغاريـدي لظى تمتَدُّ مـن قلبي إلى أقصى جبالي في البعيد.

رمادٌ من جمْر الشاعِر

إلى محمد الماغوط (من دون مناسبة)

أيّ ضوءٍ

لم يكد يغمرني يوماً،

وما كدت أراهْ.

قبل أن يغرقَ عينيَّ سوادٌ

من دُجىً طاغٍ على الأرض

وفي الآفاق، ما بين يَدِ الذابح الناسَ،

وأخرى نشرتْ في عين من أسلمتُها وعدي رماداً

كابياً في ظل من عاهدتُ،

لا دارَ إذن كانت ستُؤوينيَ

من بعد أفول الصفو

من حولي، وفي كل اتجاهْ؟

اعتصام

مِلْءَ الساحات ازدحموا، سدُّوا الطرقاتِ علينا،

طاروا أم وقفوا، منتظرين

بداية ما سوف يَحُل قريباً في زعمهِمُ،

أو إطلالة داعٍ سوف يقومُ

ليرفع عنهم ما أرهقهم منذ قرون،

حتّى ينتفضوا إنْ نَادَى فيهمْ:

– «يا أهلي...بعد قليل سترونَ

الشمسَ، ويشرق وعدٌ، فيولّي الليلُ

كأنْ لمْ يسُدِ الأرضَ ظلامٌ من قبلُ،

كأنْ لَمْ يَسفكْ فيها الحجَّاجِ نفوساً، أو أفناها قتلٌ

من هولاكو أو نيرونْ،

يا أهلي...»

لم يُبعثْ في من وقفوا أو طاروا

صوتٌ يبكي أو يشدو،

لكن دوَّتْ خلفي وأمامي وعلى كل الآفاق

مدافعُ عدوانٍ

عاتيةٍ..

فتفرق من كانوا اعتصموا من رعبهمُ،

يرسُبُ في أعماقهمُ وَهْمٌ يتفاقم مِلْءَ خلايا فِيهِمْ:

«أن خلاصكمُ آت من فَوْق فلا يُغْوِكُمُ داعٍ مجنون».

زيارة

بينهُمْ أعبُرُ مثل الشبح الباحثِ عن ذكرى

وأمضي سالياً ما حفر الماضون فوق الترب،

همْ كانوا هنا من قبل، حتى

هبَّتِ الأضواء من فجْرٍ

فلم أصغ إلى دنيا، ولم تُمسك العينُ بشيءْ،

إيهِ يا أقبُرَ أحبابي أتكفي

قصفة الريْحان حتى تمطر الآفاق بالرحمة ترباً،

إنني أخفي بأعماقيَ ما يُضْحك في قمة مأساتي

بعلمي أنني ماضٍ، على أرصفة دون اختيارٍ،

يهربُ الموتَى إلى خارج اللحظة في هدأتهم حيث الجحيمْ.

سقطتْ بعد اندحارٍ خطوتي في الوهم،

لا تشهد عيني الظل،

فوقي بسياط النار تهوي كفٌّ ضوءٍ بحميمٍ.

إنني أظمأ إذ تذكر أحلاميَ ما حُرِمت من متعٍ في

حضرة من أشعلوا أياميَ بالشدوِ،

همُ الآن كما أبصرُ في ظِلٍّ نَعِيمْ.

09/08/2019م

عَوْدٌ على بدء

تصْحُو الطفولة حيث آخر خطوةِ

تضع الحدود أمام قوس الباب للدربِ

في حِضْنِه أمْنٌ.. وأهلي ها هناك لديه، كل الصَّحْبِ،

يا خوفَ المتاهِ

إذا تهب الريحُ، يملأ مسمعي

عزفٌ فأصرخُ خائفاً

– ولّى النهارْ.

وعلى اليسار

إذا رجعتَ،

ترى نوافذَ فتنةٍ تهفو

على جمر انتظارْ.

كانت هناك وضوؤها يزري

بـأقمار النهار

إذا الخريف دنا،

أو انثال الربيع ونوْرهُ بين الحجارْ

أو رفرفت ريّاً على سِرْب

فضاءت نجمة في صحوها

ينسابُ هذا

الأزرقُ الفــتَّانُ

منها تنتشي روح المكان،

فترقصُ الأطيافُ في عينِي

التي اشتاقت إليها:

منْ هنا العصفورُ طار

وقد رأى أبوابَ أشواقٍ

تناديه ليرحلَ نحو آفاق البعيد،

فهل يعودُ؟

فقد تناءى ما رآه وقد تهاوى في غيوبٍ

مثل أخيلة يهيم بسردها جبلاً علا قمّاتِه ثلجٌ

وفِي أعماقه النيران ما زالت مثل صيخودٍ،

ولكن لن يعودَ

ولن يعودَ

فلا حبيبْ.

في آخر الأنفَاق

حالماً مثلَ شُـعاعٍ في عيون امرأةِ الليلِ، هسـيسُ الشـوقِ في أعماقهـا يصدر عن نار جواها / طاعناً كان خفيَّ الغوص ما بين حشاها.

وظلام الرهبةِ المشـبوبةِ الهجسِ يسـوق الغائـم الأرعن من أيلولَ يمتد إلى قلبي بسيفٍ مِنْ لهيبِ.

...

كانت الأنجم في صيفي تدانيني ولا يهرُبُ من يُمناي عِطرٌ باذخ الأنسام أو كفٌّ حبيبي.

بُعثـرتْ أوراقُ أزهـاري ولمَّا تَغْـرُبِ الأطيـافُ في الحقل القريبِ.

....

إيهِ يا شرفةَ ظِلِّي

أنت يا ملهمةً تكشْفُ أستارَ الغيوبِ.

أعَلــى ذاتيَ أطلَلتِ بألوان فجـاءاتٍ كرؤيا العيد؟ أمْ هلْ كنت طالعتِ غدي بين أيادٍ

قيَّدتْ حلْمي فيه بغوايات الذي بات يناديني ويدعونـي إليه؟

هل تراني سـوف أنجو تحت أضواء شموسٍ فيه، من مِخلَبِ ذِيبِ.

...

ما الذي يُزْجي إلى شطِّكِ يا سيدتي جانحَ الفلك، وقد هام على ثَبَجِ اليمِّ،

إذا اشتَدَّت رياحُ الموت في الليل الرهيبِ.

...

أتُرانــي أهتدي يومــاً أرى في آخر الأنفــاق – بعد الضيق – ضوءاً لهروبي؟

عابر من هواء

في حنجرة بدون هسيس تتجمع فيها الأقوال مقيدة،

بلا رؤى أو ألوان،

مـن أدنـى تجاويف جسـدي إلـى أقصاها، حـروب تبدأ ولا تتوقف،

في همس وجهر، بين شـفتي ولهاتي، إلـى ما قبل حلقي وما بعده،

في وجه تيارات بغير أجنحة ترفرف كأنسام،

أو أقدام تزحف كحيوانات لا تقوى على حركة،

لتعلن عن هوينها أمام من يراها،

وكلمـات تحارب أن تكون كريات دم أزرق متنكر مع سـبق

إصرار بادعاء قرابة أسطورية،

كلمات من زجاج معرق من سديم موغل في عصور مستحاثات ما قبل الجليد،

كلمات أردت أن أرفع بها صوتي بغناء دون أن أعني شعوراً في حد ذاته، أو معنى خاص،

بل لأبكي بمثل دمع شوكي تذرفه أجفان من حجر لا يخْضرُّ،

ذلك الطفل الذي كنت تُرَى من استطاع أن يمنع عن جسده أن يتنفس أو حتى أن يصاب بزكام تحت مطر؟

فقد كان سيان لديه أن يضحك المارة منه، قربه أو حواليه أو يبكون،

فهو أيضاً لا يبسم لأحد أو يفزع لشبح ميت حيٍّ حتى، أو يهتز لاستعطاف وجهي. يهم بالسير في الشارع دون هيئة مرئية يحميها قماشٌ فوق جسد مقهور كعابر مطارد يحمل رصيد ذكريات لا يقوى على السير بها إلا من كان غير قادر على نسيان ما يأتي.

....

أما أنا فعابر من هواء، لا أهلي يتعرفون عليّ ولا غرباء يذكرون عني شيئاً، فوق أرض أحبتها، ولا يراني مبصرون يعبرون أمامي، أو يحس بي عميان من أبنائها المعمَّرين، رغم أن زكام طفلي الذي تفسَّخ وانحلّ، قادر على الطيران إلى مسافات تزيد وتنقص، ليصيب كجائحة جيراناً لي في

الزمن اعتادوا الجلوس على كراسي تتحول أشكالها وألوانها، دون أن يتغير أشخاص يعتلونها، فهم لا يسيرون إلا بمشقة صعود أنفاسي، وهم يريدون. لي أن أبقى في أسر تجاويف تحميها ظلمات في رؤوسهم، محملين إياي – كل ما يحبون – من قيود لن ينجو منها تحت يدهم، على مر الأعصر، أي ملاك يسير ولا أي شيطان يطير.

كائن هوائي أنا...

وبأمواج سواد لا ترغي أو تزبد أتماهى،

فما لي خطىً تهتز على بر،

أو تخترق بِيداً مهلكة،

فلا تذيبني طلعة ورد تدهش العشاق،

ولا يرضيني أرقَى ما في الأرض من بساتين،

لا جيوب لي فأغرى بمال،

ولا أخشــى عواصف طريق تهلك المدلج، أو صواعق تكسر مجاديف أقوى المبحرين،

فحياتي التي لا أذكر بداياتها لن تنتهي بأي هبوب مهما كان،

فــي صحبة تصخب لا نهاية لاصطخــاب نيرانها إذ تغمر ما نعلم وما لا ندري من وجوه

وأعماق كائنات من أجناس شــتى، لن تصلها أيادي النار من أقسى جحيم.

...

لا تسطيع ذراعاي حمل شيء، لكن إذا حدث واخترق هوائي رئة أي كان فقد يسهل عليّ خنقُه دون جهد مني،

فبكلمة ضوء أنشر سهام أشعة تخترقني بدوري إلى العالم،

أو تكتفي بالمرور من حلقي إلى ما بعد شفتيّ، لتشتعل أنواراً في عيوني،

أو ظلمة أحشاء أي عابر هنا أو هناك،

بتفجير كريات في نبضه، ولو كانت بغير رؤى أو يديْن.

...

سيموت عن قريب كل من يعبر هوائي الآن في تلكؤ، عن علة أصلية أو مرض لن يطول، فقتله لن يتطلب إعلان حرب،

أياماً أو شـــهوراً، أو حتى إلى مجرد إطلاق رصاصة واحدة، بل يكفي محو بســتان مزهر، أو إطاحة بدوحة سامقة، فهناك مداخــن تنفث ما يكفي لخنق آلاف مثلــي، لتتكاثر القبور من حولي، وخلفي وأمامي، لأســقط من تلقائي، على عتبة أقرب متاهة لا أرى ولا أســمع، أو أعلم شــيئاً مما رُسم لي فيها من حدود.

أكُلّهم موتى لا ريب، وما أكثر من أرى منهم الآن

وهم يتدافعون نحوي في التفاف كحشد غفير في سوق شعبي غير منظم، لا يرحم أحدهم جاره كلما زاد اشتداد الازدحام، أو كسرب مناطيد توزع على الآفاق لا يدري أحدها شيئاً عن الاتجاه الذي لم يختر السير إليه،

أو كجماعــة أموات زومبي أدهشــتها فرحة لقــاء عابرة بما

صارت إليها،

حتــى طــوى التراب آثارهم، كل في جهــة لا علم له بالآخر،

وإن تلكأ منهم من تلكَّأ في الآخرين.

مرتين: 2022/08/18م

العرّاف

ليس بعيداً ما يراهُ

تحتَ شرفةٍ...

من اضطراب خافقٍ

في صدرهِ.

يأتيه عند كل نبضةٍ،

وعندَ كُلِّ وقْـفَهْ،

من موج بَحْرِهِ

بِصُوَرٍ شتَّى

تعيد الغابر الدفين صُدْفهْ

عن حالِ ما ترفعُهُ الأمواجُ

من أسوار قبْرٍ،

في البرِّ أو يمتدُّ في

مصبِّ نهرٍ

قد فقأت – في وجهِ من

أضاءَ حالماً رؤى – أسرار

قيدٍ هذه الجهاتِ – طَرْفَـــهْ

يمتلئ العرافُ رعباً حارقاً

مما عليه انفتحتْ سماه

ليس بعيداً ما يراه

عن حلم الأحلامِ أن يمتدّ عصْفُ رجفهْ

زلزلةً ينجاب عنها

حلكٌ يَشْتَدُّ في

أعالي بَرِّهِ.

17/09/2016م

صحْوٌ أخيرٌ

أتحسَّسُ رأسي..

أتدلّى أم ما زال دُوَارٌ أقوى يوهمهُ بعناقِ مدىً يَمتدُّ، بطُوفانِ ورودٍ ينــداح على كل جهات الأرض بُعَيْدَ يباس جذور نهدَتْ ثائرة ما بيْن صخور مفلُولَهْ.

– أو مــا زلــتُ هنا؟ فذراعي لمّا تســقطْ بعــدُ وإن رُفِعتْ في وجهي طعناتُ خناجرَ مسلولهْ

منذ قرون مراراتٍ، كنت جلســتُ إلى نهر شــقّتْهُ في أرضي كفٌّ من غيْبٍ حتى تسقيني،

ورفاقي أطيارٌ

لم تتنكّر لغنائي يوماً في أبهاء فاتنةٍ ليست مما تدركه عينٌ منا

إذ صدَحَتْ عن أشياءِ الجنة أشعاري،

وأنا أنشد عن حلوى تتلألأُ هادئة كبنفسج أحجارٍ

في جبل الرؤيا: يا بشـــراي... ســأحمل منها زاداً يحيي آمالي المقتولهْ.

يا ليت قيامة مقهورين دفنتهمُ فيما عشـــت أسـيراً حين غفوتُ تفاجئني فأرى أحباباً كانوا انهاروا

مخدوعين على مرأى مني يســعون إليّ... على أطراف لست أراها، ويجللني ما يتفصد مني، بعض كساء من ربّ محيطات جحيم لا معقولهْ.

ثمَّ أثوبُ إليَّ وأصحو فأشاهد عيناً ترقبني، كانت رفعتني إلى أفق وأحاطتني بظلالٍ فانخدعت روحي بســراب من رؤيا لم

ألمس منها ما أرتاح له حتى يبعدني السكر القاتل عما أطلبه، كانت أشـــياءُ بلا لون تتراقص في عينيَّ، حتى تعبث بالقدمين رمال يســحبها تيار الوقت فلا ترجع من تيه وضلال ســراب صحــارى لا تهديه أجراس تصخــب، او أصوات كانت تملأ ساحات مدائن جفت فيها أنهار

– كانت ترويها – معسولهْ.

فالدمع همى منها مهما ظمئت حين تآمر خنزيرٌ وعواءُ ضِباعٍ حتى غابت من بين أيادي الخلق وأفواه الغرثى أقواتٌ حملت مبعدة نحو أقاصٍ مجهولَهْ.

أفأخطأ نبــض حلّقَ بي بين صفوف تائهــة حتى أكلتْ نيرانٌ جائعة في أوراقي؟

ثم تولّى لم يطفئ منها ما صار يهدُ رأسي ويدي المغلولَهْ.

***

مَرَّتْ، غير بعيد مني، وأنا مُستلقٍ في أسري دون أديمٍ يعلوني من تُربٍ، قامات ترفل في حُسْنِ صبا وعبير ورودٍ، شفتي انبهرت إذ أخرسها أمل في أن يمتد إليها ما يبعثها: نظرةُ عين وطفاءَ فلم تجهر حتى بصفير مثلاً أو ومض نداءٍ... تابعتُ بعين هدَأتْ تفحصُ ما يجري، وأنا في أسرٍ يثقلني ظل جدارٍ أبعدني عمّا يَسْحَرُ أو يُفغم من عطر، أو يحيي

من موت النسيان رميمٌ تدعوه إلى الصحَوة روحُ ملذاتٍ

ظلَّت ثاوية في دنٍّ نُسيت فيه حتَّى عُدْتُ إليها أتحسَّس رأسي في أسْرِ دوَارٍ:

– أو مــا زال هنــا ما يغريني؟ أم هل كنت شــربْتُ دناني من سحُبٍ زوَّدها كرمٌ بنوايا الخصب الآتي

– لــم تتركني لحظاتٍ أصحو – ممــا عَصَرَتْه بين يديّ رياحٌ أولى؟

23/09/2022م

أَعَاصِيرُ تُطَوِّقُ أَبراجِي

أتهاوى شبَحاً يركضُ، في كلِّ زمانٍ وعلى كلِّ طريق،

وصدى النيران ملء الروْعِ والأسماع يُصْمي،

فيغطي الدمُّ والأشلاء ما أبصر خلفي

وأماميَ من هوْل حريق.

...

عشتُ فيما أجهض الحلم من الإعصار،

كالومضة من عمر بريق

ضاع في عمق خواء،

حلّ كالصدمة تمتصُّ نشيجاً

سدّ آلافاً من الأفواه في كل مضيق؟

ليس مما تمسك العينُ ولا ما خيب القلبَ في الوهمِ

فهذا الحرف يذوي في اشتعال الشفتين.

مثلما امتد سناً أومأ لي بينَ بنودٍ

عبرت دون أن أعرف في أي اتجاهٍ، ومتى؟

فلقد أشهدني عسفُ الأولَى داسوا بهاء الضوء منّي –

تحت جنح الليل في هول اندلاعٍ

كاسحٍ – ما دَمَّرَتْ مني عهودٌ

ثمّ ألقانِيَ ما بين عراة دُحِرُوا منهزمين.

...

فلتدَعْ لي

أيها الوجهُ العدائيّ الذي يفقدني في هِبَةٍ من آخر الأنفاس،

ما أحتاجه من نبضاتٍ

قد تشظَّت بين أضلاعي من الوجد،

فكل العشق ضجَّت بلظاه نظرةٌ تدعو

إلى عوْدٍ إلى الداخلِ

عمَّا تاه عنه القلب محتاراً

إلى حدسِ جنونْ.

...

إنهم أمواتنا في لحظة ما انسحبوا أو عربدوا

لا حرمةٌ كانت لهم،

ديسوا فيا ألله، فافتحْ طرقاً تحملهُمْ نحو الذي كانوا سعَوا فيه،

قِهِمْ أوزارَ بابٍ من جحيم

عَبَرُوا فيها صحارَى دوختهُم،

ومضوا نحو متاهاتِ عمىً،

لم يروا فيْضاً يغذِّي الجائع المقهور،

أو زحفاً أضاع الوجه في أقسى صعيد.

...

حين كنتُ بين من لاذوا بأحضان شِرارٍ قاهرين،

ثمّ ووجِهْتُ بمن أَرسَلَ فينا

قبضة الطغيان إذ تعدو ولا ترحمُ،

من بين سكارى ما انتشوا، فاستسلموا

في ساعة الصَّحوِ ليَهْوُوا

في دُجَى تحت لَحودْ

حيث لا يُرجى رجوعٌ،

هل ترى يسعفني فجْرٌ جديدْ؟

26/11/2022م

النصف الثاني

أنا ذا مستلقٍ، وحدي في فقداني ذاتي،

أتنظّرُ في غير أناة،

في هذا الجانب ما أخشاه من صدمة مهْوايَ على حَلَبَهْ

لا أسمعُ – رغم شبوب أزيز الكون وكل زحام الجلبهْ –

من حولي

شيئاً مثل رفيفٍ من دفءٍ فوقَ سريرٍ،

أو خفقة عنقاءٍ ملتهبهْ

لا شيء سوى ثلجِ صفيرٍ

يسري في أطرافي المرتعبة

لا يدَ من خارج مصطخبي

الميِّتِ تَمْـتدُّ إليَّ لتنقذ رُوحِي المُضْطَرِبَة

تأخذني نحو المجهولْ

أو تبعدني عنها في حركات منسحبةْ

هذا حالي منذ هويْتُ إلى آخرِ دنيا،

فلماذا لا يأتي

نصفي الثاني يشعلني

فنكون وقود لظى تلهب هذي الحلبةْ.

30/05/2023م

بين وجود وفناء

ما بين نقطتينِ
في مدى محيطٍ بصري أمسكتُ بالبداية،
بغير عيْنٍ أو يَديْن...
لم يكن هناك من شروق شمس مقبلاً على مكانيَ الذي
احتميتُ بهدوئه اتقاء ما ينزل بي خوف اضطرابِ خطوتي
على طريق ما أريد أن أضمه إليَّ: من هواء طار بي
إلى حياة دون خشية اصطدام بحجار، أو رقاد
قبل أن يضمني رجام،
لا أريد أن أكون تحت ما تختنق الأنفاس منه
بعدما تراقصت أشلاءُ كل حيٍّ،

وهوى أمام عيني بيت من أحببتُ

أن أحضنه،

لست الذي يريد أن يغني بنشيج أمٍّ لم تعانق ابنَها الجنينَ

في حياةٍ

هربت أضواؤها إذ غمَرَتْ عيونها الأنقاض.

في الأرض بعد أن تخلخلت أشياؤها فيها

فلم تعد تسير أو تطير في مدارْ

حينما انثنيت مرغماً بدون نبض في دمي إلى عناقها،

ولم أكن أريد فيها من ركون خافقي

إلى شبوب أي رغبة تهيج بعد أن سقطت في دُوَارْ.

فشمسي التي كنت أريد أن أرى لؤلؤها

تساقطت خلف سدول من غبار.

وحدي فنِيتُ، إذ تهاوى فوق رأسي السقف والجدارْ

فهل سمعتمُ أنيني، أو ندائي بين نقطتين كانتا

في البدء في مدى محيط ما تدركه الأبصارْ

حتى غدوتُ تحتَ، دون موقع الحواس، في خطى بلا مسارْ

وجهاً بلا عيون...

هل تطمس العيون في مملكة العماء

تحت سياط رجّةٍ طال مداها دون أن يقوم في دوارها

دليل ما تثبته الشموس والأقمارْ.

09/02/2023م

أهل الكهف

(والكهف تجويف في صخر، سواء أكان على صدر جبل، أم على شاطئ بحر)

الذيــن مضوا قبلنا جاوزونا – وكنا ســبقناهمُ أجمعين – على كل أفْقٍ،

وقد أحرقوا عند سيرهمُ كل ما وَطِئُوه،

ولم تأكل النارُ من قدم فيهمُ أو جناح،

وقد أشعلَ الوحلُ وحْلُ الطريق شتاءً خطاهم وهم يزحفون.

كيف مدوا الجســور على سعة في المسافات لم تَقْصُرْ أمامهمُ من جهودْ.

أم ارتخت الأرض تحت أقدامهم، أم هوَى في عيونهم كل

صعب كؤودْ.

فلا صخرَ، لا نهرَ، لا صرخات سيول، ولا يدَ ثلجيةً حجبَت

عن عيون

رؤى الغد تخضرُّ من بَعدِ حينٍ

يا صحابي الذين مضوا قبلنا من تكونون؟

هل نرى منكم أحداً في غدِ؟

هل ترى تلتقون بمن لم يطيروا، وظلوا هنا بيننا يسكنون؟

فما زلتُ أرقبكم عند كهفي تحت ظلام وما تنتجون.

وقد حجبتني رؤى عنكم وسنون.

وآفتنـــا ها هنا أننا اخترنا مستســـلمين القعــودَ هنا – ما وراء

زمان تجاوزنا – نائمين.

زِلزالٌ تَحْتَ خُطَايَ

أترفَّقُ في سيري أن يتضايق مني ما تحت الأرضْ،

إذ يتهيأ لي أني أسمعُ ذبذبةً في خفقة أنفاسٍ

أو تنهيداً لا أدري من أيِّ متاهات الأحزان يفيض،

أمْ مصدرُهُ أحياءٌ تَتَحَرَّكُ في أقنعةٍ تحت ثرىً دون حدودٍ،

وكأنْ لا شيءَ يثير بها إحساساً حتى تختضّ،

من الرُّعبِ أو الرَّفْضْ

فألمُ مما يعروني أو أجمدُ لَهْ.

وتسائلني في رعبٍ زوبعة لا أدري هل تتفجر في آفاقي

أم هل تهدر في أعماقي مشتعلهْ

كيف إذن لا يهتم بهذا الزلزال سواي؟

والناس أمامي قطعان تمضي مرتحلهْ

منها من يضحك في جهرٍ أو سرٍّ، وتطيرُ وتنزلُ، لا تدري،

أو تصغي دون شعورٍ، لدبيبٍ تحْتَ الأرض خفيٍّ،

لكن على سطح الأشياء هنا وهناك حروب تغمرها باردةً مقتَتِلهْ،

وأنا إذ أمشي يرعبني ما يتحرك تحت خطايْ

والناس على صدر الأرض اندفعت مقتَتِلهْ،

كفراشات يرقص أجملها في بوتقة النورِ،

ويسقط في النيران كبير الطير، ولا ينفعهُ ما أكلهْ،

أو ما ينقذ من بعض قبائلها قرن استشعار.

15/06/2023م

الفهرس